La Guida Completa all'Alimentazione nel Sollevamento Pesi: Massimizza il tuo Potenziale

Di

Joseph Correa

Nutrizionista dello Sport Certificato

COPYRIGHT

© 2016 Finibi Inc

Tutti I Diritti Riservati

La riproduzione o la traduzione di qualsiasi parte di questo lavoro oltre a quello permesso dalla sezione 107 o 108 dello United States Copyright Act del 1976 senza il permesso del proprietario del copyright è illegale.

Questa pubblicazione è strutturata per fornire informazioni accurate e autorevoli riguardo l'argomento trattato. É venduto con il sottinteso che né l'autore né l'editore si impegnano nel presentare consigli medici. Se si ha bisogno di consigli medici o assistenza, consultare un medico. Questo libro è considerato una guida e non deve essere utilizzato in alcun modo nocivo per la tua salute. Consulta un medico prima di iniziare questo piano alimentare per assicurarti che sia giusto per te.

RICONOSCIMENTI

La realizzazione ed il successo di questo libro non sarebbero stati possibili senza la motivazione ed il supporto della mia famiglia.

La Guida Completa all'Alimentazione nel Sollevamento Pesi: Massimizza il tuo Potenziale

Di

Joseph Correa

Nutrizionista dello Sport Certificato

CONTENUTI

Copyright Riconoscimenti

Riguardo l'Autore

PERCHÉ QUESTA GUIDA ALL' ALIMENTAZIONE?

INTRODUZIONE

Motivazione secondo necessità

CAPITOLO 1: La Guida Completa all'Alimentazione nel Sollevamento Pesi: Massimizza il tuo Potenziale

CAPITOLO 2: Mangia, Dormi, Respira a modo tuo per un corpo più snello

La Tua Arma Segreta L' RMR

CAPITOLO 3: Come Essere In Forma 24 Ore al Giorno

Accelera il tuo metabolismo per migliorare le performance

CAPITOLO 4: Performance migliori attraverso gli Antiossidanti

Cambia adesso il tuo stile di vita alimentare per ottenere risultati a lungo termine e tempi di recupero più veloci

CAPITOLO 5: Sei Ciò che Mangi

Impegno per migliorare la tua mente e il tuo corpo

CAPITOLO 6: Il Segreto per Avere i Migliori Addominali di Sempre

Dagli uno sguardo

RIGUARDO L'AUTORE

Come nutrizionista dello sport certificato e atleta professionista, ho viaggiato intorno al mondo e ho gareggiato contro diverse persone. Riuscire a condividere ciò che ho imparato e crederci è
importante per me. La mia conoscenza ed esperienza hanno aiutato i miei studenti negli anni. Più sai riguardo ad un gioco, meglio lo farai. Avere successo nel Sollevamento Pesi implica avere una forte base cardiovascolare a causa di tutti gli sprint, I salti e la corsa che richiede.

Nel Sollevamento Pesi c'è bisogno di forza, potenza, flessibilità e costanza per vedere dei risultati. L'alimentazione è una parte chiave nel processo di allenamento del Sollevamento Pesi e questo è ciò di cui parla questo libro.

PERCHÉ QUESTA GUIDA ALL'ALIMENTAZIONE?

Come nutrizionista dello sport e atleta professionista, ho studiato ed esaminato molti libri sull'alimentazione e sulle diete che potessero aiutarmi nel raggiungere il mio potenziale nelle competizioni ma ho notato che molti dei libri esaminati offrivano soluzioni sotto forma di integratori e formule per aumentare i muscoli ed è ciò di cui questo libro non parla. Se vuoi una soluzione semplice e a breve termine per l'alimentazione questo non è il libro giusto per te! Questo libro è per coloro che vogliono risultati effettivi e duraturi in modo naturale che non causi effetti collaterali o problemi dopo anni. Si, puoi prendere integratori e sostanze per aumentare le prestazioni se vuoi ma queste non vengono create naturalmente e inoltre non sono perfette per il tuo corpo. Ci sono metodi naturali per nutrire il tuo corpo e raggiungere risultati fantastici senza delusioni future. Io voglio la migliore alimentazione per il mio corpo e anche tu dovresti. Dopo aver viaggiato ed aver trovato il mio ambiente alimentare ideale in un piccolo villaggio del Sud America, ho deciso di adottare la loro dieta e l'ho modificata secondo i miei bisogni atletici. Questo è ciò che apprenderete da questo libro.

Pochi libri di dieta si basano su di una reale popolazione che ha utilizzato questi metodi nutrizionali per centinaia di anni. Tutti gli atleti dovrebbero trarre beneficio da questa conoscenza che ha ottenuto successi duraturi.

Per un gruppo di persone vivere da più di cento anni sempre vibranti e atletici, come fanno le persone di Vilcabamba, e non avere seri problemi di salute, è una stupefacente conquista. Ecco perché la maggior parte della ricerca di questo libro è basata sulla loro visione dell'alimentazione. Stili di vita basati sul mangiare fresco porzioni moderate e un coerente esercizio fisico giornaliero ti aiuteranno a raggiungere una migliore qualità di vita negli anni avvenire.

Le seguenti pagine ti aiuteranno a capire quanto possa essere semplice aumentare il tuo RMR seguendo questa guida alimentare. Combinata con esercizi regolari e giornalieri per costruire più muscoli noterai gli effetti sulla tua salute; il risultato sarà una pelle più pulita, un sistema digerente più regolare, la prevenzione di

diverse malattie e disturbi inclusa l'ipertensione, il diabete, il cancro al colon, e molte altre. Inoltre, può essere possibile notare miglioramenti in malattie già presenti, determinando una riduzione nel dosaggio o nella quantità delle medicazioni in corso semplicemente mangiando in modo salutare ed esercitandosi regolarmente.

Affrontiamolo; noi tutti vogliamo vivere più a lungo ma vogliamo anche continuare ad essere produttivi nei nostri ultimi anni! Quindi non è comprensibile il voler assimilare ciò che un piccolo villaggio situato in un ambiente con poco ossigeno, scarso benessere, mancante di fast food ha fatto per centinaia di anni con risultati stupefacenti? Buona fortuna e divertiti a cambiare la tua vita in meglio!

Questo libro e i suoi esercizi sono la chiave per aiutarti a raggiungere il tuo obiettivo. Joseph Correa, un nutrizionista dello sport certificato ed un atleta professionista che ha dedicato se stesso a migliorare le sue performance attraverso un'alimentazione migliore ed esercizi di qualità.

Attraverso la loro conoscenza ed esperienza, si sono convinti dell'importanza della loro stessa alimentazione e dell'esercizio.

Questo libro è stato creato come una guida semplice da seguire passo dopo passo per restare in forma. Per ottenere il più possibile da esso segui questi semplici passi:

Primo, leggi ogni capitolo in ordine. Non saltarne nessuno poiché potresti perderti importanti suggerimenti che possono massimizzare i benefici per la tua salute.

Secondo, scrivi i tuoi obiettivi di dieta giornalieri e mensili basati sulle linee guida fornite in questo libro.

Rileggi questo libro una volta pronto a farlo per rinforzare e memorizzare i preziosi argomenti che troverai al suo interno.

Quarto, PORTA QUESTO LIBRO OVUNQUE VAI COSÌ DA AVERLO SOTTO MANO QUANDO TI ALLENI O PER UN VELOCE RIFERIMENTO.

La Guida Completa all'Alimentazione nel Sollevamento Pesi

INTRODUZIONE

La Guida Completa all'Alimentazione nel Sollevamento Pesi ti insegnerà come incrementare il tuo RMR (tasso metabolico a riposo) per accelerare il tuo metabolismo e aiutarti a cambiare il tuo corpo in meglio. Imparare come mantenersi al top della forma e raggiungere il tuo peso ideale attraverso un'alimentazione intelligente che ti permette di performare al meglio. Mangiare carboidrati complessi, proteine, e grassi naturali nella giusta quantità e percentuale come anche incrementare il tuo RMR ti renderà più veloce, più agile, e più resistente.

Questo libro ti aiuterà a:

 -Prevenire la disidratazione.

 -Prevenire la comparsa di crampi.

 -Infortunarti meno spesso.

-Riprenderti velocemente dopo competizioni o allenamenti.

-Avere più energia prima, durante, e dopo una competizione.

Mangiando nel modo giusto e migliorando il modo in cui alimenti il tuo corpo ridurrai anche gli infortuni e sarai meno incline ad essi in futuro. L' essere troppo pesante o troppo esile sono due ragioni comuni che causano infortuni ed è la ragione principale per la quale molti atleti hanno problemi nel raggiungere la loro performance migliore. Vengono spiegati nel dettaglio tre piani di alimentazione. Puoi scegliere qual'é il migliore per te in base alla tua condizione fisica generale. Uno dei primi cambiamenti notati dalle persone che hanno iniziato questo piano alimentare è la resistenza. Esse si sentono meno stanche e con più energia. Qualsiasi atleta voglia essere nella migliore forma possibile di sempre ha bisogno di leggere questo libro e di iniziare a fare cambiamenti a lungo termine che li porteranno dove vogliono arrivare. Non importa dove sei ora o cosa stai facendo, puoi sempre migliorare te stesso.

Joseph Correa è un nutrizionista dello sport certificato ed un atleta professionista.

MOTIVAZIONE SECONDO NECESSITÀ

Io ho una teoria che molte delle cose che nella vita sono importanti per il nostro sviluppo come esseri umani; le facciamo per necessità, non perché vogliamo farle (almeno per molti di noi). Per esempio, gli uomini e le donne delle caverne non avevano scelta; se volevano mangiare cacciavano o coltivavano il cibo con ciò che avevano a disposizione.

Noi sentiamo il bisogno di essere in salute. Sentiamo la necessità di sembrare migliori. Sentiamo il bisogno di vivere più a lungo e nella migliore forma fisica possibile. Questi sono i bisogni che avvertiamo perché è nella nostra natura fare così.

Ciò che davvero conta è avere la motivazione per fare un passo avanti ogni giorno verso questi obiettivi. Alzarti ogni giorno ed essere felice di te stesso e di ciò che stai raggiungendo alimentato dal drago della motivazione che è in te. Mi piace chiamarlo "drago della motivazione" perché devi sentire il fuoco dentro di te che a sua volta ti guiderà ad iniziare e continuare con qualcosa di fantastico. Questo alla fine cambierà la tua vita per sempre.

Un cambiamento nello stile di vita è importante ma una modifica nelle abitudini è molto più cruciale perché in fine fa la differenza. <u>Le abitudini</u> <u>sono azioni inconsce che iniziano come decisioni consce</u>. In altre parole, devi decidere mentalmente di farlo e quindi iniziare a fare i primi passi necessari per farlo accadere così potrai iniziare a farli sempre inconsciamente.

Ricorda a te stesso che PUOI e RAGGIUNGERAI I TUOI OBIETTIVI!

É mia sincera intenzione aiutarti a raggiungere la miglior forma fisica possibile e che tu possa essere felice dei risultati.

Iniziamo con le cose buone!

Dichiarazione di non responsabilità: Consulta il tuo medico prima di iniziare questo piano alimentare. Inoltre, assicurati che le informazioni alimentari e dietetiche contenute in questo libro siano controllate dal tuo medico prima di iniziare o di applicarle alla tua vita. Porta questo libro quando vedi il tuo medico così che lui o lei possa confermare che gli esercizi e la dieta siano giusti per te.

CAPITOLO 1

LA GUIDA COMPLETA ALL'ALIMENTAZIONE NEL SOLLEVAMENTO PESI:

Massimizza il Tuo Potenziale

I sollevatori di pesi hanno bisogno di molta energia per durare e che gli permetta di restare agili per lunghi periodi di tempo senza sentirsi stanchi. Questo piano alimentare ti aiuterà a raggiungere questo e molti altri obiettivi alimentari così che tu possa tirar fuori il meglio dal tuo corpo. Questa guida alimentare è strettamente collegata alle abitudini alimentari degli abitanti di Vilcabamba i quali detengono il record di longevità che serve come base perfetta per qualsiasi atleta voglia raggiungere l'apice della performance per lungo tempo ed essere capace di mantenerlo nel corso degli anni. Essi sono un grandioso esempio per tutti i sollevatori di pesi grazie alla loro attenzione per le fonti di energia organiche. Ciò permetterà a tutti i sollevatori di pesi di rendere al meglio per un periodo di tempo più lungo senza nessun effetto negativo futuro sulla mente o sul corpo a differenza di alcune sostanze per potenziare le performance che rimuovono dal corpo elementi essenziali per creare processi naturali al suo interno e li alterano per creare miglioramenti a breve termine.

Tutti i sollevatori di pesi dovrebbero mangiare molta frutta, verdura e proteine derivanti dai cibi (pollo, uova, tacchino, pesce, ecc.). L'assunzione di carboidrati complessi dovrebbe essere ridotta al massimo a risone, pasta, tutti i tipi di pane naturale, e ad ingredienti organici. Nel villaggio di Vilcabamba, bevono maggiormente acqua, succhi di frutta naturali, e latte. Tutto quello che mangiano e bevono è composto da cibi naturali, non trattati, non inscatolati, e senza conservanti. Anche se nel villaggio vengono vendute alcune bevande e cibo spazzatura, questi non vengono suggeriti in questa dieta. Utilizzando questa conoscenza riguardo le loro abitudini e altri fattori medici, abbiamo creato una guida alimentare che ti aiuterà a vivere e a competere in modo più salutare e più a lungo. Ti permetterà anche di controllare meglio il tuo peso e la tua forma fisica.

Questo non è il tipico libro sulla dieta dove ti viene raccontato di una bevanda magica che ti fa perdere peso o di pillole che ti fanno perdere 5 chili in una settimana. Ci sono anche diete che si concentrano sul non far mangiare quasi nulla. Molte di queste diete comportano effetti negativi a lungo termine sulla tua mente e sul tuo corpo. <u>La verità è che non c'è una formula magica!</u> La chiave per ottenere una migliore forma fisica è semplicemente mangiare sano e fare esercizio. Fare queste due cose nel modo giusto è ciò di cui parla questo libro.

Perché non ci concentriamo prima sulle risposte ai tuoi problemi?

Sapere cosa si ha il bisogno di fare non garantisce che tu sappia quali passi fare per arrivare al traguardo!

Perché ci sono tanti problemi di obesità e malnutrizione nel mondo e perché si sviluppano anche nei più giovani?

C'è sempre qualcosa nella vita che finisci per trascurare e poi per rimpiangere. Questo è particolarmente vero nel caso della salute.

Di solito, i problemi fisici iniziano in modo lieve e poi vanno avanti fino a diventare molto difficili da gestire ed ecco perché abbiamo bisogno di prevenirli cominciando dalla nostra giovinezza.

Analizziamo i punti di vista

Cerco di pensare alla vita in termini molto essenziali. Se lasciassi fuori tutto il progresso tecnologico che confonde le nostre vite e ti concentrassi su uno stile di vita più essenziale ti ritroveresti in un contesto molto diverso ? *Bene, diciamo che non esistono TV, internet o cellulari.*

Non ci sono macchine, aerei o ascensori. Niente più hot dog, hamburger, bevande e cibo spazzatura (questi ultimi non fanno parte del progresso tecnologico ma ce li mettiamo comunque). Per favore non svenire! So che molti di noi non possono vivere senza molte di queste cose ma stiamo solo cercando di mettere le cose in prospettiva. Cosa avete lasciato in termini di cibo? Abbiamo ancora la frutta e le verdure che provengono da piante ed alberi. Abbiamo ancora la carne sotto forma di pollo, manzo, pesce e maiale . Ma indovina? Dobbiamo cacciare per il pesce o altri animali che vogliamo mangiare e ciò include fare esercizio fisico. Dobbiamo camminare, arrampicarci e sforzarci per prendere manghi o mele dagli alberi. Tutto ciò richiede che camminiamo, corriamo, o in altre parole bruciamo più calorie.

Ora, una volta preso o raccolto il nostro cibo dobbiamo prepararlo. Abbiamo un microonde o un forno per cuocere il cibo? No, ma possiamo avere una padella o una pentola da riscaldare con il fuoco. Potresti anche prendere un po' di sole durante la caccia o il raccolto della frutta. I quanto può essere importante un po' di sole per la tua salute? Usiamo un esempio.

Nelle acque tropicali, in alcune parti del mondo, esistono i delfini rosa. Per quanto possa sembrare strano c'è una spiegazione molto logica. Questi delfini vivono in aree ad alta densità di piante tropicali attraverso le quali filtra pochissima luce solare fin dentro l'acqua. A causa di questa mancanza di luce, la loro pelle è diventata quasi trasparente e questo dona ai delfini un'apparenza rosata. Devi vederlo per crederci, ma il punto è che tu hai bisogno di sole, quindi cerca di prenderne un po' ogni tanto. Non esagerare! Solo un po' di sole va già bene.

So che questo è un modo inconsueto di pensare ma alla fine ora sappiamo far diventare le nostre vite quotidiane più salutari. Non sto dicendo che devi vivere in questo modo, ma, dovresti provare ad applicare alcune di queste semplici idee che sono state dimenticate a causa dei cambiamenti nella nostra società e del progresso tecnologico. Puoi decidere di camminare fino al fruttivendolo per comprare del cibo e nel frattempo fare allenamento. Puoi decidere di parcheggiare un po' più lontano dal lavoro così da fare un po' di camminata extra. Quando sei al parco con i tuoi bambini, corri con loro o vai a nuotare nel fine settimana con tutta la famiglia. Invece di mangiare cibo precotto o preparato con molto olio o burro, prova a bollirlo, usando il forno, o la cottura a vapore.

Fai del tuo meglio per assicurarti che la maggior parte di ciò che mangi abbia un forte valore nutrizionale e sia il più fresco possibile. Ti aiuterà a rimanere in salute e in forma, per gli anni avvenire.

Questo libro si divide in 3 stili di vita per il sollevatore di pesi:

Sollevatore di pesi con stile di vita Low Cardio (LCLA):

Questa fase della dieta è per i sollevatori di pesi che hanno bisogno di meno cibi contenenti carboidrati complessi (questi includono ma non sono limitati a: pasta, risone, fiocchi d'avena, fagioli bruni, lenticchie, ecc.). queste persone non hanno bisogno di mettere via così tanta riserva di energia e allora dovrebbero avere un' alta percentuale di cibi contenenti proteine, legumi, verdure, formaggi e altri.

LCLA è per i sollevatori di pesi che non fanno più di 30 minuti di cardio al giorno come parte del loro allenamento e anche durante le gare. Puoi essere flessibile durante le competizioni dal momento che alcune condizioni ambientali potrebbero cambiare perfino il modo in cui assimili il cibo. Ciò potrebbe essere a causa della posizione della città in cui avviene la gara, o a causa del cibo reperibile in quella zona.

Dopo il primo mese in cui hai completato questa fase della dieta e in associazione con il tuo regolare regime di allenamento fisico, puoi decidere se continuare o adattare la dieta ai tuoi bisogni nel caso in cui tu senta il bisogno di aggiungere più proteine o carboidrati o formaggi.

Sollevatore di pesi con stile di vita Medium Cardio (MCLA):

Questa fase della dieta è per i sollevatori di pesi che hanno bisogno di una specifica percentuale di cibi contenenti carboidrati complessi (questi includono ma non sono limitati a: pasta, risone, fiocchi d'avena, fagioli bruni, lenticchie, ecc.) per mantenere uno stile di vita cardio-intensivo medio, mentre allo stesso tempo dovrebbero consumare un' alta percentuale di cibi contenenti proteine, formaggi, legumi, e frutta.

MCLA è per gli atleti che completano un minimo di 30 minuti di allenamento cardiovascolare come parte del loro addestramento fisico giornaliero che può includere (se incrociati): nuoto, camminata, corsa, ciclismo, salto, canottaggio o sport che combinano alcune delle suddette attività.

Sollevatore di pesi con stile di vita High Cardio (HCLA):

Questa fase della dieta è per i sollevatori di pesi che hanno bisogno di una elevata percentuale di cibi contenenti carboidrati complessi per mantenere il loro stile di vita cardio-intensivo in modo bilanciato e salutare, mantenendo comunque un'alta percentuale di cibi contenenti proteine, legumi, verdure, frutta e noci.

HCLA è per le persone che fanno più di un'ora di esercizi cardiovascolari al giorno. Inoltre un'ora di allenamento cardiovascolare molto intenso include (se incrociate): corsa, nuoto, canottaggio, salto e ciclismo. Questo è particolarmente importante per i sollevatori di pesi che fanno molto esercizio cardiovascolare quindi hanno bisogno di più carboidrati per essere in buona forma e per permettere al loro corpo di riprendersi.

La piramide alimentare guida della USDA contiene i seguenti gruppi di cibi:

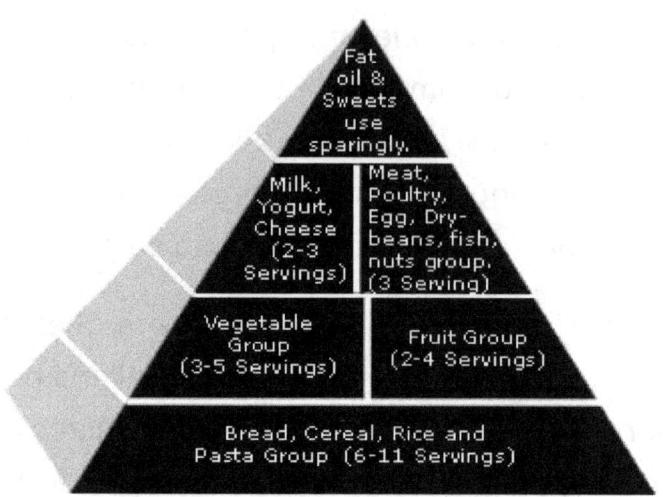

a) Gruppo pane, cereali, riso, pasta (da 6 a 11 porzioni): questo gruppo include cibi con ingenti quantità di carboidrati ed è posizionato alla base della piramide indicando che questi dovrebbero essere mangiati più spesso e dovrebbero formare una parte importante della dieta giornaliera. Il fondamento logico dietro il mangiare più carboidrati è che essi forniscono energia tanto che la persona ha bisogno di mangiare meno grassi. È raccomandato che una persona assuma 6-11 porzioni da questo gruppo.

b) Verdure (3-5 porzioni) e frutta (2-4 porzioni): non c'è

dubbio che frutta e verdura siano buoni per il corpo. Esse forniscono all'organismo vitamine essenziali e altri nutrienti e respingono malattie e disturbi. Una persona dovrebbe assumere 3-5 porzioni di verdure e 2-4 porzioni di frutta al giorno.

c) Gruppo carne, pollame, pesce, fagioli secchi, uova e noci (2-3 porzioni) : Questo gruppo fornisce proteine al corpo. Le proteine aiutano a costruire i tessuti e i muscoli del corpo. Una persona dovrebbe assumere 2-3 porzioni al giorno da questo gruppo.

d) Gruppo latte, yogurt e formaggi (2-3 porzioni): questo gruppo fornisce proteine e calcio che rinforzano le ossa e prevengono problemi di salute collegati alla degenerazione della massa ossea. Una persona dovrebbe assumere 2-3 porzioni al giorno da questo gruppo.

e) Grassi, oli e dolci (mangiare sporadicamente): questo gruppo di cibi dovrebbe essere consumato saltuariamente. I grassi portano malattie cardiache ed obesità. Anche troppi zuccheri portano all'obesità che può creare problemi di salute in futuro.

La piramide alimentare guida fornisce un eccellente modo per assicurarsi che le richieste nutrizionali del corpo siano soddisfatte correttamente. Seguendo a guida, un individuo soddisferà tutti i bisogni giornalieri in termini di energia, proteine, vitamine, e altri nutrienti essenziali.

Qui le misure delle porzioni sono raccomandate per i cibi con elevato contenuto di carboidrati.

Verdure: 1 tazza di verdure crude, o ½ tazza di verdure cotte, o ¾ di tazza di succo di verdure. Frutta: 1 frutto di media grandezza (come una mela media o un'arancia media), ½ tazza di frutta in scatola o tagliata, o ¾ di tazza di succo di frutta. Pane e cereali: 1 fetta di pane; 1 oz. o 2/3 di tazza di cereali pronti; ½ tazza di riso cotto, pasta, or cereali; ½ tazza di fagioli secchi cotti, lenticchie, o piselli secchi. Prodotti caseari: 1 una tazza di latte scremato o con pochi grassi.

Il giusto apporto di proteine, grassi e carboidrati per i non-atleti è:

Proteine 12%

Carboidrati 58%

Grassi 30%

il giusto apporto di proteine, grassi e carboidrati per la maggior parte degli atleti è:

Proteine 15-20%

Carboidrati 60-65%

Grassi 20-25%

I body builder mangiano più proteine per aggiungere massa e muscolo, con un conteggio di queste al di sopra del 35-40% nella dieta dei body builder professionisti.

Attività fisica Aerobica contro quella Anaerobica:

Ci sono due principali tipi di attività fisica: attività Aerobica ed attività Anaerobica.

L'attività Anaerobica è definita tale perché intrapresa senza la presenza di ossigeno e non può essere praticata per lunghi periodi di tempo. Questo tipo di attività si basa molto sugli scatti veloci delle fibre muscolari. Esempi di attività anaerobica sono il sollevamento pesi e lo sprint. Queste attività non possono essere praticate per lunghi periodi di tempo. Questi esercizi aiutano la costruzione dei tessuti magri e aumentano la massa del corpo. Il test di capacità anaerobica è un test che misura l'abilità del corpo nel praticare esercizi di breve durata e di forte intensità. Il ciclo test di Wingate è comunemente usate per testare la capacità anaerobica.

Il fitness Aerobico, anche conosciuto come fitness cardiovascolare è l'abilità del corpo di effettuare un esercizio durante un lungo periodo di tempo in presenza di ossigeno. Questo tipo di attività si basa molto sugli scatti lenti delle fibre muscolari e include sport come il ciclismo e la maratona.

Un programma di allenamento che combina fitness cardiovascolare e fitness muscolare permette che venga rilasciato più sangue ossigenato ad ogni battito e aumenta la mioglobina nei muscoli così che essi possano incamerare una quantità maggiore di ossigeno, e ciò permette di poter lavorare di più. Ecco perché incrociare le due attività è una decisione intelligente. Nel sollevamento pesi, essere capace di combinare l'allenamento aerobico con quello anaerobico ti darà risultati migliori prima, durante e dopo le competizioni.

La Guida Completa all'Alimentazione nel Sollevamento Pesi

ALCUNI DEI CIBI USATI PER IL PIANO ALIMENTARE:

Carboidrati Complessi

(Ogni quantitativo è considerato come una porzione)

Mattino (1 tazza)	Mezzogiorno (½ tazza)
Farina d'avena	Risone
2 fette di toast	Pasta
Cereali di crusca e uvetta	1 fetta di toast di grano
Cereali di crusca di avena	Pasta di grano
Cereali interamente di grano	Riso selvaggio
Metà bagel di grano	1 patata dolce
Metà fetta di pita	1 patata al forno
1 muffin alla crusca	Fagioli neri e rossi
1 waffle di grano	Lenticchie
1 pancake di grano	Piselli

Proteine

La Guida Completa all'Alimentazione nel Sollevamento Pesi

(Ogni quantitativo è considerato come una porzione)

Non più di 3 carni rosse a settimana e un minimo di 3 tipi di pesce

Mattino	**Mezzogiorno**	**Pomeriggio**
4 bianchi d'uovo	4 bianchi d'uovo	Salmone 4 oz
Prosciutto 4 oz	Prosciutto 4 oz	Prosciutto 4 oz
Pesce (qualsiasi) 4 oz	Pesce (qualsiasi) 4 oz	Pesce (qualsiasi) 4 oz
1 scatoletta di tonno	1 scatoletta di tonno	1 scatoletta di tonno
Fette di tacchino 4 oz	Tacchino 4 oz	Tacchino 4 oz
1 tazza di gamberi	1 tazza di gamberi	Tilapia 4 oz
Bistecca o carne rossa 4 oz	Bistecca o carne rossa 4 oz	Bistecca o carne rossa 4 oz
1 striscia di bacon	Maiale 4 oz	Maiale 4 oz
Pollo o altro tipo di pollame 4 oz	Pollo o altro tipo di pollame 4 oz	Pollo o altro tipo di pollame 4 oz

Pesce (Fattori Nutrizionali)

La Guida Completa all'Alimentazione nel Sollevamento Pesi

Peso delle porzioni cucinate (a temperatura umida o asciutta senza aggiunta di ingredienti). I valori Percentuali Giornalieri (%DV) sono basati su una dieta di 2000 calorie

Pesce misura delle porzioni (grammi/once)	Calorie	Calorie dai grassi	(g) Grassi Totali	(%DV)	(mg) Sodio	(%DV)	(mg) Potassio	(%DV)	(g) Carboidrati totali	(%DV)	Fibre Dietetiche	(%DV)	(g) Zuccheri	(g) Proteine	(%DV) Vitamina A	(%DV) Vitamina C	(%DV) Calcio	(%DV) Ferro	Calorie
Granchio blu	100	10	1	2	0	0	95	32	330	14	300	9	0	0	20	0	4	10	4
Pescegatto	130	60	6	9	2	1	50	17	40	2	230	7	0	0	17	10	0	8	30
Vongole circa 12 piccole	110	15	1.5	2	0	0	80	27	95	4	470	13	6	2	17	10	0	8	30
Merluzzo	90	5	1	2	0	0	50	17	65	3	460	13	0	0	20	0	2	2	2
Platessa/Sogliola	100	15	1.5	2	0	0	55	18	100	4	390	11	0	0	19	0	0	2	0
Asinello	100	10	1	2	0	0	70	23	85	4	340	10	0	0	21	2	0	2	6
Halibut	120	15	2	3	0	0	40	13	60	3	500	14	0	0	23	4	0	2	6
Aragosta	80	0	0.5	1	0	0	60	20	320	13	300	9	1	0	17	2	0	6	2
Pesce persico	110	20	2	3	0.5	3	45	15	95	4	290	8	0	0	21	0	2	10	4
Pesce specchio	80	5	1	2	0	0	20	7	70	3	340	10	0	0	16	2	0	4	2

La Guida Completa all'Alimentazione nel Sollevamento Pesi

io atlantico																	
Ostriche circa 12 medie	100	35	4	6	1	5	80	27	300	13	220	6	6	2	10	0	6	6	45
Pollack	90	10	1	2	0	0	80	27	110	5	370	11	0	0	20	2	0	0	2
Trota arcobaleno	140	50	6	9	2	10	55	18	35	1	370	11	0	0	20	4	4	8	2
Scorfano	110	15	2	3	0	0	40	13	70	3	440	13	0	0	21	4	0	2	2
Salmone Atlantico/coho/sockeye/Chinhook	200	90	10	15	2	10	70	23	55	2	430	12	0	0	24	4	4	2	2
Salmone Chum /Rosa	130	40	4	6	1	5	70	23	65	3	420	12	0	0	22	2	0	2	4
Capesante circa 6 grandi o 14 piccole	140	10	1	2	0	0	65	22	310	13	430	12	5	2	27	2	0	4	14
Gamberi	100	10	1.5	2	0	0	170	57	240	10	220	6	0	0	21	4	4	6	10
Pesce spada	120	50	6	9	1.5	8	40	13	100	4	310	9	0	0	16	2	2	0	6
Tilapia	110	20	2.5	4	1	5	75	25	30	1	360	10	0	0	22	0	2	0	2
Tonno	130	15	1.5	2	0	0	50	17	40	2	480	14	0	0	26	2	2	2	4

<u>Fonte: U.S. Agenzia per gli Alimenti e i Medicinali</u>

La Guida Completa all'Alimentazione nel Sollevamento Pesi

Verdure e Legumi

(1-2 tazze totali di ognuno dei seguenti)

Varia tra verdure verdi crude, verdure cotte e succhi di verdura

Mattino	**Mezzogiorno**	**Pomeriggio**
Lattuga	Lattuga	Lattuga
Pomodoro	Pomodoro	Pomodoro
Carote	Broccoli	Broccoli
Spinaci	Carote	Carote
Piselli verdi	Spinaci	Spinaci
Mais	Piselli verdi	Piselli verdi
Sedano	Mais	Mais
Cetriolo	Sedano	Sedano
Succo di verdure	Cetriolo	Cetriolo
Zucchine	Succo di verdure	Succo di verdure
Fagiolini	Zucchine	Zucchine
Funghi	Fagiolini	Fagiolini
Cavoletti di Bruxelles	Cavolfiore	Cavolfiore
Barbabietole	Funghi	Funghi
	Cavolo	Cavolo
	Peperoni	Peperoni
	Cavoletti di Bruxelles	Cavoletti di Bruxelles
	Barbabietole	Barbabietole

La Guida Completa all'Alimentazione nel Sollevamento Pesi

Verdure *(Fattori Nutrizionali)*

Peso delle porzioni a crudo. I valori Percentuali Giornalieri (%DV) sono basati su una dieta di 2000 calorie

Misura elle porzioni di verdura (grammi/once)	Calorie	Calorie dai grassi	(g) Grassi Totali	(%DV)	(mg)Sodio	(%DV)	(mg) Potassio	(%DV)	(g) Carboidrati totali	(%DV)	Fibre Dietetiche	(%DV)	(g) Zuccheri	(g) Proteine	(%DV) Vitamina A	(%DV) Vitamina C	(%DV) Calcio	(%DV) Ferro
Asparagi 5 gambi (93g/3.3oz)	20	0	0	0	0	0	230	7	4	1	2	8	2	2	10	15	2	2
Peperoni 1 medio (148g/5.3oz)	25	0	0	0	40	2	220	6	6	2	2	8	4	1	4	190	2	4
Broccoli 1 gambo medio (148g/5.3oz)	45	0	0.5	1	80	3	460	13	8	3	3	12	2	4	6	220	6	6
Carote 1 carota 7"lunga e 11/4" diametro (78g/2.8oz)	30	0	0	0	60	3	250	7	7	2	2	8	5	1	110	10	2	2
Cavolfiori 1/6 testa media (99g/3.5oz)	25	0	0	0	30	1	270	8	5	2	2	8	2	2	0	100	2	2
Sedano 2 gambi medi (110g/	15	0	0	0	115	5	260	7	4	1	2	8	2	0	10	15	4	2

La Guida Completa all'Alimentazione nel Sollevamento Pesi

3.9oz)																
Cetrioli 1/3 medie (99g/3.5oz)	10	0	0	0	0	0	140	4	2	1	1	4	1	1	4	10	2	2
Fagioli Verdi ¾ di tazza (83g/3.0oz)	20	0	0	0	0	0	200	6	5	2	3	12	2	1	4	10	4	2
Cavolo verde 1/12 pezzo medio (84g/3.0oz)	25	0	0	0	20	1	190	5	5	2	2	8	3	1	0	70	4	2
Cipollotto ¼ di tazza tagliato (25g/0.9oz)	10	0	0	0	10	0	70	2	2	1	1	4	1	0	2	8	2	2
Lattuga iceberg 1/6 media (89g/3.2oz)	10	0	0	0	10	0	125	4	2	1	1	4	2	1	6	6	2	2
Lattuga a foglie 1 ½ tazza di foglie (85g/3.0oz)	15	0	0	0	35	1	170	5	2	1	1	4	1	1	130	6	2	4
Funghi 5 medi (84g/3.0oz)	20	0	0	0	15	0	300	9	3	1	1	4	0	3	0	2	0	2
Cipolla 1 media (148g/	45	0	0	0	5	0	190	5	11	4	3	12	9	1	0	20	4	4

La Guida Completa all'Alimentazione nel Sollevamento Pesi

5.3oz)																
Patate 1 media (148g/ 5.3oz)	110	0	0	0	0	0	630	18	26	9	2	8	1	3	0	45	2	6
Ravanelli 7 ravanelli (85g/3 .0oz)	10	0	0	0	55	2	190	5	3	1	1	4	2	0	0	30	2	2
Zucca estiva ½ media (98g3. 5oz)	20	0	0	0	0	0	260	7	4	1	2	8	2	1	6	30	2	2
Mais chicchi da 1 pannocchia media (90g/3 .2oz)	90	20	2.5	4	0	0	250	7	18	6	2	8	5	4	2	10	0	2
Patate dolci 1 media, 5" lunghezza, 2" diametro (130g/ 4.6oz)	100	0	0	0	70	3	440	13	23	8	4	16	7	2	120	30	4	4
Pomodori 1 medio (148g/ 5.3oz)	25	0	0	0	20	1	340	10	5	2	1	4	3	1	20	40	2	4

Fonte: U.S. Agenzia per gli Alimenti e i Medicinali

Frutta, Noci, e Semi *(Varia tra frutta fresca, frutta congelata, succo di frutta, e frutta essiccata.)*

Frutti (1-2 tazze)	Noci (1-2 cucchiai)	Semi/altro (1-2 cucchiai)
Mele	Noccioline	Semi di girasole
Pere	Anacardi	Semi di zucca
Banane	Noci	Semi di lino
Ananas	Pistacchio	Semi di sesamo
Arance	Mandorle	Avocado
Mandarino	Nocciole	Olive nere
Pompelmo	Noci brasiliane	Olive verdi
More	Noci pecan	Olio di lino
Mirtilli	Noci Macadamia	Olio di colza
Fragole		Olio d'oliva
Prugne		
Pesche		
Ciliegie		
Frutti della passione		
Papaia		
Kiwi		
Melone di Cantalupo		
Anguria		
Succhi di frutta		

La Guida Completa all'Alimentazione nel Sollevamento Pesi

Frutta (Fattori Nutrizionali)

Peso delle porzioni a crudo. I valori Percentuali Giornalieri (%DV) sono basati su una dieta di 2000 calorie

Misura delle porzioni di frutta grammi/once	Calorie	Calorie dai grassi	(g) Grassi Totali	(%DV)	(mg) Sodio	(%DV)	(mg) Potassio	(%DV)	(g) Carboidrati totali	(%DV)	Fibre Dietetiche	(%DV)	(g) Zuccheri	(g) Proteine	(%DV) Vitamina A	(%DV) Vitamina C	(%DV) Calcio	(%DV) Ferro
1 mela grande (242g/8 oz)	130	0	0	0	0	0	260	7	34	11	5	20	25	1	2	8	2	2
Avocado Californiа 175 Medio (30 g/1.1 oz)	50	3	4.5	7	0	0	140	4	3	1	1	4	0	1	0	4	0	2
1 Banana media (126g/4.5 oz)	110	0	0	0	0	0	450	13	30	10	3	12	19	1	2	15	0	2
Melone di cantalupo ¼ medio (134g/4.5oz)	50	0	0	0	20	1	240	7	12	4	1	4	11	1	120	80	2	2
Pompelmo ½ medio (154g/5.5oz)	60	0	0	0	0	0	160	5	15	5	2	8	11	1	35	100	4	0
Uva ½ media (126g/4.5oz)	90	0	0	0	15	1	240	7	23	8	1	4	20	0	0	2	2	0
Melone d'inverno 1/10 melone medio (134g/4.8oz)	50	0	0	0	30	1	210	6	12	4	1	4	11	1	2	45	2	2

La Guida Completa all'Alimentazione nel Sollevamento Pesi

Kiwi 2 medi (148g/5.3oz)	90	1	1	2	0	0	450	13	20	7	4	16	13	1	2	240	4	2
Limone 1 medio (58g/2.1oz)	13	0	0	0	0	0	75	2	5	2	2	8	2	0	0	40	2	0
Lime 1 medio (67g/2.4oz)	20	0	0	0	0	0	75	2	7	2	2	8	0	0	0	35	0	0
Pesca Noce 1 media (140g/5.0oz)	60	5	0.5	1	0	0	250	7	15	5	2	8	11	1	8	15	0	2
Arancia 1 media (154g/5.5oz)	80	0	0	0	0	0	250	7	19	6	3	12	14	1	2	130	6	0
Pesca 1 media (142g/5.3oz)	60	0	0.5	1	0	0	230	7	15	5	2	8	13	1	6	15	0	2
Pera 1 media (166g/5.2oz)	100	0	0	0	0	0	190	5	26	9	6	24	16	1	0	10	2	0
Ananas 2 fette 3" diametro e 3/4" di larghezza (112g/4oz)	50	0	0	0	10	0	120	3	13	4	1	4	10	1	2	50	2	2
Prugne 2 medie (151g/5.4oz)	70	0	0	0	0	0	230	7	19	6	2	8	16	1	8	10	0	2
Fragole 8 medie (147g/5.0oz)	50	0	0	0	0	0	170	5	11	4	2	8	8	1	0	160	2	2
Ciliegie 21 ciliegie,	100	0	0	0	0	0	350	10	26	9	1	4	16	1	2	15	2	2

La Guida Completa all'Alimentazione nel Sollevamento Pesi

1 tazza (140g/3.9oz)																
Mandarino 1 medio (109g/3.9oz)	50	0	0	0	0	0	160	5	13	4	2	8	9	1	6	45	4	0
Anguria 1/18 medio melon; 2 tazze di pezzi tagliati (280g/10.0oz)	80	0	0	0	0	0	270	8	21	7	1	4	20	1	30	25	2	4

Prodotti Caseari e Snack *(ognuno 1 porzione)*

Preferibilmente formaggi magri

(Ognuna è 1 porzione) Preferibilmente prodotti caseari con pochi grassi

Prodotti caseari	Snack
1 tazza di latte	1 barretta di frutta fredda
1 tazza di latte di soia	Frutta secca (½ tazza)
Formaggio magro (2 fette)	Cioccolata fondente (2 cucchiai)
½ tazza di fiocchi di latte	1 barretta multi – cereale
1 tazza di yogurt magro (8 oz)	5 cracker con poco sale
¼ di tazza di mozzarella magra	1 barretta proteica
¼ di tazza di formaggio di soia	Pretzel (½ tazza)
1 barretta di gelato allo yogurt magro	Popcorn (½ tazza)
1 tazza di yogurt magro alla frutta	1 torta di riso con pochi grassi

SUGGERIMENTI UTILI:

- Limita qualsiasi condimento al massimo ad un cucchiaino per pasto. Abbastanza per dare un po' di sapore.

- Al posto dello zucchero, usa il miele per dolcificare le bevande o il cibo. Se proprio devi utilizzare lo zucchero assicurati che sia zucchero di canna.

L'alimentazione nello Sport è più di quello che mangi;

É quando e come lo mangi!

Bere almeno 6–8 bicchieri d'acqua al giorno

bevi un bicchiere d'acqua quando ti svegli, 1 prima dei pasti e 1 prima di andare a dormire.

Consuma 6 pasti con porzioni piccole o medie al giorno

Dovresti mangiare ogni tre ore. Usa un timer, un cronometro o il tuo cellulare per tenere traccia del tempo poiché questo è importante tanto quanto quello che mangi. Se mangi pasti con porzioni piccole o medie ogni tre ore, permetterai al tuo corpo di digerire il cibo in modo efficiente e in maniera da non sovraccaricare il sistema digerente. Alcune persone consumano tre pasti abbondanti al giorno e dopo devono aspettare diverse ore prima di non sentirsi pieni ma questo è esattamente ciò che non si dovrebbe fare.

Mastica e poi ingoia!

Sembra abbastanza semplice, ma con i ritmi frenetici di oggi le persone tendono ad eliminare la masticazione e ad andare direttamente alla deglutizione. Questo non permette al tuo corpo di elaborare il cibo come dovrebbe, quindi assicurati di prenderti il tempo per masticare il cibo. I tuoi denti hanno una funzione che è quella di decomporre il cibo prima che arrivi nello stomaco che dovrebbe fare quello che è preposto a fare. Ricorda, non masticare il cibo significa che il tuo stomaco dovrà lavorare di più e ciò equivale ad un'attesa più lunga per la digestione e questo può causarti disagi o gas.

Niente carboidrati o frutta dopo il tramonto

Non c'è bisogno di incamerare energia che non utilizzerai mentre dormi. Cerca di stare lontano da pasti abbondanti dopo il tramonto. Sii sicuro di consumare uno snack salutare se vuoi impedirti di mangiare troppo in queste ore o semplicemente bevi un bicchiere d'acqua.

Cerca sempre di trovare tempo per l'esercizio o per fare un po' di stretching quando ti alzi, poiché quello è il momento del giorno ideale per mettersi in forma ed evitare infortuni .

La Guida Completa all'Alimentazione nel Sollevamento Pesi

La Guida Completa all'Alimentazione nel Sollevamento Pesi

Guida Alimentare per gli L C L A

Lunedì – Sabato (percentuali giornaliere da consumare)

15% carboidrati complessi – 40% proteine –

15% verdure e legumi – 15% frutta e noci –

15% prodotti caseari e snack

O l'equivalente in porzioni giornaliere

Carboidrati (1-2 porzioni) – proteine (4-6 porzioni) –

verdure e legumi (3-6 porzioni) –

Frutta e noci (1-2 porzioni) –

prodotti caseari e snack (1-3 porzioni)

Domenica

(Alcuni sollevatori di pesi non si allenano la Domenica o una volta a settimana quindi per un giorno alla settimana le porzioni dei cibi cambieranno. Utilizziamo la Domenica come giorno tipo.)

15% carboidrati – 40% proteine –

15% verdure e legumi – 15% frutta e noci –

15% prodotti caseari e snack

O l'equivalente in porzioni

Carboidrati (1-3 porzioni) – proteine (3-5 porzioni) –

verdure e legumi (3-6 porzioni) –

Frutta e noci (1-3 porzioni) –

prodotti caseari e snack (1-3 porzioni)

Le percentuali mostrate sono per il consumo giornaliero di questi gruppi di cibi e le porzioni sono per il tempo massimo in cui hai il permesso di consumare questo gruppo di cibi. Segui le classifiche dei gruppi di cibi fornite all'inizio del libro come guida per ciò che puoi mangiare ad eccezione dei prodotti caseari tra i quali puoi scegliere liberamente tipo e quantità e ciò è dovuto alla varietà di preferenze e delle condizioni mediche che ci sono.

Guida Alimentare per gli M C L A

Lunedì - Sabato

20% carboidrati – 40% proteine –

15% verdure e legumi–

10% frutta e noci – 15% prodotti caseari e snack

O l'equivalente in porzioni giornaliere

Carboidrati (1-2 porzioni) – proteine (4-6 porzioni) –

vegetali e legumi (3-6 porzioni) –

Frutta e noci (1-2 porzioni) –

prodotti caseari e snack (1-3 porzioni)

Domenica

(Alcuni sollevatori di pesi non si allenano la Domenica o una volta a settimana quindi per un giorno alla settimana le porzioni dei cibi cambieranno. Utilizziamo la Domenica come giorno tipo.)

20% carboidrati – 40 % proteine –

15% verdure e legumi –

10% frutta e noci – 15% prodotti caseari e snack

O l'equivalente in porzioni

Carboidrati (1-2 porzioni) – proteine (4-6 porzioni) –

verdure e legumi (3-6 porzioni) –

Frutta e noci (1-3 porzioni) –

prodotti caseari e snack (1-3 porzioni)

Le percentuali mostrate sono per il consumo giornaliero di questi gruppi di cibi e le porzioni sono per il tempo massimo in cui hai il permesso di consumare questo gruppo di cibi. Segui le classifiche dei gruppi di cibi fornite all'inizio del libro come guida per ciò che puoi mangiare ad eccezione dei prodotti caseari tra i quali puoi scegliere liberamente tipo e quantità e ciò è dovuto alla varietà di preferenze e delle condizioni mediche che ci sono.

Guida Alimentare per gli H C L A

Lunedì - Sabato

20% carboidrati – 40% proteine –

15% verdure e legumi - 10% frutta e noci –

15% prodotti caseari e snack

O l'equivalente in porzioni giornaliere

Carboidrati (1-2 porzioni) – proteine (4-6 porzioni) –

verdure e legumi (3-6 porzioni) –

Frutta e noci (1-2 porzioni) –

prodotti caseari e snack (1-3 porzioni)

Domenica

(Alcuni sollevatori di pesi non si allenano la Domenica o una volta a settimana quindi per un giorno alla settimana le porzioni dei cibi cambieranno. Utilizziamo la Domenica come giorno tipo.)

20% carboidrati – 40% proteine –

15% verdure e legumi

– 10% frutta e noci – 15% prodotti caseari e snack

O l'equivalente in porzioni

Carboidrati (1-2 porzioni) – proteine (4-6 porzioni) –

verdure e legumi (3-6 porzioni) –

Frutta e noci (1-2 porzioni) –

prodotti caseari e snack (1-2 porzioni)

Le percentuali mostrate sono per il consumo giornaliero di questi gruppi di cibi e le porzioni sono per il tempo massimo in cui hai il permesso di consumare questo gruppo di cibi. Segui le classifiche dei gruppi di cibi fornite all'inizio del libro come guida per ciò che puoi mangiare ad eccezione dei prodotti caseari tra i quali puoi scegliere liberamente tipo e quantità e ciò è dovuto alla varietà di preferenze e delle condizioni mediche che ci sono.

CAPITOLO 2

MANGIA, DORMI, E RESPIRA A MODO TUO PER UN CORPO PIÙ SNELLO

La Tua Arma Segreta l' RMR

L'RMR è anche conosciuto come tasso metabolico a riposo ed è il numero di calorie bruciate mentre il tuo corpo è a riposo, a causa delle normali funzioni dell'organismo come il battito cardiaco e la funzione respiratoria. Queste si stima siano il 75% del totale delle calorie bruciate durante il giorno. Ciò può variare da persona a persona in base all'età, quantità di grassi nel corpo, e altri fattori. Meno sono i grassi nel tuo corpo e più muscoli hai, più alto sarà l'RMR e più velocemente brucerai calorie a riposo, anche durante il sonno. Questo è ciò che alcune persone considerano come un buon metabolismo ma in realtà si identifica con l'avere un alto RMR. Avere un alto RMR ti farà essere più snello e ti renderà più semplice il restare snello ogni giorno . Come puoi realizzarlo? Puoi farlo cambiando quello che mangi per ridurre grassi e zuccheri, e aggiungendo massa muscolare al tuo corpo.

Ogni giorno e tutti i giorni hai l'opportunità di mantenerti in forma. Quando sei stanco di lavorare e costantemente occupato con tutte le cose tediose della vita, fermati a pensare all'importanza di prenderti cura del tuo corpo e della tua mente. Per questa ragione, ho preparato un programma giornaliero per aiutarti a <u>mantenerti in forma tutto il giorno anche mentre mangi, dormi, e respiri.</u> Com'è possibile? Puoi farlo semplicemente accelerando il tuo metabolismo. Un modo naturale per fare questo è compiere piccoli cambiamenti nella tua vita che abbiano un effetto immediato sul tuo corpo.

Questo programma giornaliero può essere cambiato per adattarsi al tuo stile di vita come si può fare anche con il programma di allenamento. <u>Le cose che già fai normalmente durante il giorno saranno evidenziate in modo netto apposta per ricordarti che alla fine non stai veramente cambiando il tuo programma giornaliero giorno per giorno.</u>

Ricorda, tu sei l'unico che può mantenerti motivato abbastanza da andare avanti con il programma. Allenarsi ogni giorno e seguire questa guida alimentare richiede sacrificio e la capacità di sfuggire alle tentazioni.

Tentazioni

Ogni giorno passiamo davanti a pasticcerie o a distributori pieni di leccornie. Questi sono i momenti in cui devi essere forte. Guarda altrove! Pensa a qualcos'altro. Pensa al lavoro. Pensa alla tua famiglia. Pensa a quanto duro stai lavorando per essere e restare in forma. Non c'è nessuno che ti fermi dal mangiare una ciambella o una bibita o le patatine, sta a te essere disciplinato. Ogni volta che sarai capace di resistere ad una tentazione, sarai più forte. Nel caso non avessi mai fatto una cosa del genere prima, non andare dal fruttivendolo a stomaco vuoto poiché finiresti per comprare cose che non dovresti mangiare.

Smetti di fumare

Il fumo ABBASSERÁ la tua aspettativa di vita e cosa più importante DIMINUIRÁ la tua qualità di vita! Questa guida alimentare dovrebbe essere usata per migliorare la tua longevità e le tue performance come un atleta fa attraverso l'esercizio fisico e un'alimentazione migliore. Il fumo lavorerà contro di te e contro i tuoi obiettivi per migliorare le tue abitudini salutari.

Consuma meno alcool

Bere alcool ti disidraterà più velocemente di molte altre bevande quindi non ti sarà raccomandato in aggiunta al tuo piano nutrizionale. Consultati con il tuo medico per capire quanto sia la quantità giusta per te.

Migliorare le tue tecniche di respirazione

Esercizi statici di respirazione, Yoga, Pilates, stretching, e altre forme di esercizi di respiratori ti aiuteranno a ridurre i livelli di stress.

Meno Stress = Una vita più lunga

questi esercizi sono sia per gli uomini che per le donne. Hanno cambiato la mia vita e sono sicuro che faranno lo stesso con la vostra. Questi sono solo alcuni dei benefici che vedrete:

- Aumentata flessibilità

- Muscoli dorsali ed interni più forti

- Migliorata postura

- Riduzione dello stress

La Guida Completa all'Alimentazione nel Sollevamento Pesi

Il Programma Alimentare e di Allenamento Ideale

Lunedì - Venerdì

7:00   Bevi un bicchiere d'acqua quando ti svegli

7:15   Completa un minimo di 5 esercizi addominali o 5 esercizi di stretching.

8:00   Bevi un bicchiere di acqua, latte o succo e poi fai colazione. Basa la tua colazione sul piano dieta spiegato nel capitolo 1.

8:30 Allenati come faresti normalmente in un giorno infrasettimanale.

10:00 Bevi un bicchiere d'acqua.

11:00 Mangia un frutto insieme ad una barretta multi-cereale (o un altro snack basandoti sulla lista fornita nel capitolo 1). Puoi aggiungere o sostituire ad essi uno yogurt o una porzione di proteine (tacchino prosciutto, roast beef, pesce, pollame, ecc.).

11:10 Dopo aver consumato il tuo snack assicurati di prenderti 5 minuti per fare stretching e respirare, o semplicemente per rilassare il tuo corpo così da prepararlo per il pranzo in un ambiente sereno.

14:00 Bevi un bicchiere d'acqua, succo, latte o altro liquido e poi pranza.

14:45 Riposa almeno da 30 minuti a un'ora per permettere al tuo corpo di digerire completamente il cibo.

16:00 Inizia il tuo pomeriggio con l'allenamento che può includere l'andare in palestra o semplicemente riposarti se il tuo allenamento del mattino è stato abbastanza.

17:00 Completa gli esercizi addominali forniti nel capitolo 6.

18:30 Bevi un bicchiere d'acqua, di latte, o di succo prima di cenare. Ricorda di mangiare solo cibi spiegati nel piano nutrizionale del primo capitolo.

20:30 Mangia uno snack se hai ancora fame. Assicurati di mangiarne piccole quantità. Ricorda che dopo il tramonto non devi mangiare carboidrati, frutta o cibi che ne contengono.

22:00 Dovresti bere un ultimo bicchiere d'acqua prima di andare a dormire anche se vai a letto prima o dopo l'orario fornito.

Nota:

Puoi modificare il programma e gli esercizi purché tutti i passaggi vengano completati e siano in ordine. Inoltre, assicurati di rispettare le tre ore di differenza tra i pasti e bevi un minimo di 6-8 bicchieri d'acqua prima della fine della giornata.

Migliorare la qualità degli eventi nella tua vita e nel programma giornaliero ti aiuterà a perdere peso anche mentre stai dormendo poiché il tuo metabolismo accelererà ad un ritmo più veloce e si muoverà da solo durante le tue ore di sonno.

Sabato

Per il programma del Sabato rimpiazzeremo semplicemente le ore di lavoro con del tempo a casa, intrattenimento, o facendo alcuni lavori. Il Sabato dovrebbe essere più o meno così:

7:00 Bevi un bicchiere d'acqua quando ti svegli.

7:15 Fai 5 minuti di stretching mattutino per far rilassare I muscoli e prepararli ad affrontare la giornata.

8:00 Bevi un bicchiere di acqua, latte o succo e poi fai colazione. Basa la tua colazione sul piano dieta spiegato nel capitolo 1.

8:30 Allenati come faresti normalmente in un giorno infrasettimanale.

10:00 Bevi un bicchiere d'acqua.

11:00 Mangia un frutto insieme ad una barretta multi-cereale (o un altro snack basandoti sulla lista fornita nel capitolo 1). Puoi aggiungere o sostituire ad essi uno yogurt o una porzione di protein (tacchino, prosciutto, roast beef, pesce, pollame, ecc.).

11:10 Dopo aver consumato il tuo snack assicurati di prenderti 5 minuti per fare stretching e respirare, o semplicemente per rilassare il tuo corpo così da prepararlo per il pranzo in un ambiente sereno.

14:00 Bevi un bicchiere d'acqua, succo, latte o altro liquido e poi pranza.

14:45 Riposa

17:30 Bevi un bicchiere d'acqua, latte, o succo prima di cenare. Ricorda di mangiare solo cibi forniti dalla guida alimentare all'inizio di questo libro.

20:30 Consuma un piccolo pasto e include un bicchiere d'acqua durante quest'ultimo.

22:00 Bevi Un bicchiere d'acqua prima di andare a dormire.

Il Tuo Diario per la Dieta e gli Esercizi Giornalieri

Assicurati di fare delle copie di questo diario per ogni giorno completato. Conserva tutti i diari completati così che tu possa rivederli alla fine del mese. Usa lo schema sottostante come riferimento per completare questo diario.

ORARI	LA MIA DIETA E I MIEI ESERCIZI DI ROUTINE PER OGGI DIETA - ESERCIZIO - LUOGO
07:00:00	
08:00:00	
09:00:00	
10:00:00	
11:00:00	
12:00:00	
13:00:00	
14:00:00	
15:00:00	
16:00:00	
17:00:00	
18:00:00	
19:00:00	

20:00:00	
21:00:00	

Commenti:

CAPITOLO 3

COME ESSERE IN FORMA 24 ORE AL GIORNO

Accelera il tuo metabolismo per migliorare le performance

Cosa faresti se ti dicessi che puoi mantenerti in forma 24 ore al giorno? Sembra possibile? Lasciami dire come farlo attraverso un processo molto semplice che potrebbe sorprenderti a causa della sua semplicità ma prima ci soffermeremo sui tre principali componenti per stare in forma e perdere peso. Questi sono: Pazienza, ripetizione, e focalizzazione.

Pazienza

Raggiungere un peso ideale richiede tempo. Alcune persone trascorrono un anno o più ad aumentare il loro peso senza mai controllarlo. Far scendere tutto quel peso accumulato richiede tempo se vuoi risultati duraturi.

Lasciamelo ripetere un'altra volta perché è un concetto difficile da comprendere. Ci vuole tempo per far scendere tutto il peso che hai accumulato negli anni. Se vuoi risultati più veloci lavora semplicemente in maniera più intelligente e migliora la tua alimentazione. Se perdi peso velocemente, stai pur certo che ritornerà altrettanto velocemente se non continuerai a fare ciò che hai fatto per perderlo. *Non scegliere la strada più facile* poiché non sarà l'ultima e ti ritroverai esattamente al punto di partenza. Sii paziente perché le piccole diminuzioni di peso hanno più valore nel tempo rispetto a quelle maggiori che ritornano indietro. Il tuo corpo si adatterà gradualmente agli esercizi di routine e al piano alimentare. Ciò vuol dire che sarai il costruttore dei tuoi nuovi risultati ogni volta. Abbi solo pazienza.

PESO BILANCIATO

Straordinariamente il peso del tuo corpo lavora come un'altalena.

Il tuo peso aumenterà con l'andare del tempo se non farai i passi necessari per mantenerlo ad un livello salutare e diminuirà nel tempo se lavorerai duramente per controllarlo. Mantenere il tuo peso corporeo è una questione di bilanciamento tra alimentazione ed esercizio (soprattutto).

PESO SBILANCIATO

Ripetizione

Per cambiare il tuo stile di vita ci vuole tempo e decisioni permanenti. Se decidi di iniziare ad allenarti ma ti ritrovi a farlo una volta a settimana o saltuariamente, allora saprai ovviamente che tipo di risultati avrai. Devi essere costante. Inoltre, devi essere ripetitivo in ciò che fai, dal primo all'ultimo giorno del mese. Sembra molto lavoro, ma devi capire che tu fai già molte cose in modo costante ma puoi non averlo notato. Mangi di solito tre volte al giorno, ogni giorno di ogni mese dell'anno? <u>Guardi di solito la televisione un'ora al</u> <u>giorno per ogni giorno di ogni mese?</u> Ti cambi d'abito ogni giorno di ogni mese dell'anno? E ti fai la doccia ogni giorno di ogni mese dell'anno? Se hai risposto "si" a queste domande significa che fai molte cose in modo costante. Ho scommesso con molte persone che non avevano mai realizzato il fatto di fare tutte queste cose ogni giorno. Alla fine è qualcosa che devi usare a tuo vantaggio, semplicemente aggiungendo alcuni esercizi e un'efficace piano alimentare a queste attività giornaliere.

Ci sono "trucchi veloci" che possono portarti dove vuoi arrivare ma la maggior parte delle volte avranno alcuni tipi di effetti collaterali o rischi per
la salute. Questo non è ciò di cui parla questo libro. Lavorerai per ottenere <u>risultati a lungo termine che</u>

resteranno e che eventualmente diventeranno parte della tua vita. Ecco perché è importante restare attaccati a questi esercizi e permettergli di diventare parte della tua vita giornaliera.

La cosa più importante è essere costante se vuoi risultati a lungo termine quindi resta concentrato sull'arrivo.

Focalizzazione

La focalizzazione è l'arte di essere capace a concentrarsi su qualcosa per un determinato periodo di tempo. Questo è ciò che voglio che tu faccia con i tuoi nuovi esercizi di routine e il tuo piano dietetico. Resta concentrato non importa come. Resta concentrato sull'obbiettivo che hai tra le mani. Resta concentrato sul tuo nuovo stile di vita. Lavora su di esso ogni giorno perché è la tua vita e sta solo a te e a nessun altro renderla migliore.

__Come essere in forma 24 ore al giorno__

Abbiamo parlato dell'aumento del tuo RMR nell'ultimo capitolo ma adesso entriamo più nel dettaglio.

Punto 1: Inizia a fare più esercizi che coinvolgano l'aumento di massa muscolare nel tuo corpo. Il tuo corpo dovrà rigenerare i tessuti muscolari durante la notte e questo contribuirà a bruciare più energia. Facendo questo, perderai o acquisterai peso (dipende dal tuo obiettivo) e ti sentirai in forma per tutto il giorno!

Punto 2: Segui le istruzioni alimentari descritte nel capitolo 1. il mangiare meglio e i tempi programmati cambieranno gli effetti a breve e lungo termine sul tuo corpo e sulla tua mente e nel tempo avrai una riduzione dei grassi e dell'assunzione di zuccheri semplici. Questo ti aiuterà ad avere un migliore meccanismo di difesa che in ogni momento ti eviterà di ammalarti o infortunarti. Esso sosterrà i tuoi livelli di energia così come preverrà futuri problemi di salute come obesità e malattie cardiache . Questo è solo per citare alcune delle più comuni malattie che colpiscono oggi la nostra società.

Punto 3: I non-atleti hanno bisogno di bere un minimo di 6-8 bicchieri d'acqua durante il giorno, <u>specialmente un bicchiere appena svegli e uno prima di andare a dormire.</u>

Come sollevatore di pesi dovresti bere 6-10 bicchieri d'acqua.

Il Modo Giusto di Bere L'Acqua

L'acqua da ingerire prima, durante e dopo l'esercizio va pianificata correttamente.

A) Prima dell'allenamento o di una gara consuma 14-18 oz. di acqua due ore prima di qualsiasi esercizio. Il lasso di tempo di due ore è abbastanza per idratare completamente il corpo e lascia abbastanza tempo all'acqua in eccesso per uscire dal sistema .
Bevi 5-7 oz. di acqua appena 15 minuti prima dell'allenamento.

B) Durante un allenamento o una gara un sollevatore di pesi deve costantemente mantenere idratato il corpo ogni 20-25 minuti con 5-10 oz. di acqua. Gli Sport drink sono buone fonti di sodio che si ha bisogno di rimpiazzare durante le gare ma dovrebbe essere mischiato con un po' d'acqua per diluire l'alto contenuto di zucchero che solitamente hanno per migliorarne il sapore.
I sollevatori di pesi che sudano eccessivamente dovrebbero assumere 1.5 g di sodio e 2.3 g di cloruro ogni giorno (o 3.8 g di sale) per rimpiazzare la quantità persa attraverso la sudorazione. La quantità massima di 5.8 g di

sale al giorno non dovrebbe essere superata (2.3 g di sodio). Consulta il tuo medico se hai una delle seguenti condizioni: pressione alta, malattie coronariche al cuore, diabete, e malattie renali, ecc.. questi sollevatori di pesi dovrebbero evitare di consumare sale al di sopra del livello più alto. Gli atleti di Endurance e o altri individui che sono coinvolti in attività faticose hanno il permesso di consumare più sodio per compensare le perdite in sudore . Anche i carbonati negli Sport drink aiutano i muscoli a lavorare meglio. I sollevatori di pesi dovrebbero inoltre assumere un 4.7 g di potassio al giorno per smussare gli effetti del sale, la pressione bassa, e ridurre il rischio di calcoli renali e deterioramento osseo. Essi dovrebbero inoltre mangiare cibi ricchi in potassio come banane e prugne.

C) Dopo un allenamento o una gara un sollevatore di pesi dovrebbe rimpiazzare tutti i fluidi persi bevendo approssimativamente 20 oz. di fluido per ogni mezzo chilo di peso perso.

Punto 4: Dormi almeno 5 ore ma non più di 10 al giorno e fai dei sonnellini durante il giorno se senti il bisogno di stare più riposato. Dormire permette al tuo corpo di riprendersi dalle esperienze logoranti e stancanti di ogni giorno. È inoltre una buona occasione per il tuo corpo per riprendersi cosi da poter continuare l'allenamento il giorno seguente. Il sonno è un eccellente modo per alleviare il tuo corpo e la tua mente da qualsiasi eccesso di stress che hai accumulato durante il giorno. Dormire è importante quindi assicurati di avere le adeguate ore di sonno durante la notte.

Punto 5: Far lavorare la tua resistenza cardiovascolare è un modo fantastico per accelerare il tuo metabolismo e inoltre renderà più forte il tuo cuore. Assicurati di fare più esercizio aerobico possibile senza infortunarti. Rispetto agli esercizi statici e allo stretching, l'esercizio aerobico ti fornirà uno dei più importanti strumenti che puoi avere per arrivare ad un più alto tasso metabolico a riposo di cui parleremo nell'ultimo capitolo. Alcuni buoni esercizi aerobici che puoi fare per incrociare sono: corsa, nuoto, salto, pattinaggio, sci, canottaggio, karate, e praticare qualsiasi sport sia una combinazione di questi. Un buon esercizio cardiovascolare che puoi fare dopo pranzo e salire e scendere dalle scale con un ritmo lento e ad un basso livello di intensità. Se lavori o vivi in una costruzione che ha le scale, assicurati di trarre vantaggio da questo. Un palazzo con due piani dovrebbe essere sufficiente affinché tu possa fare su e giù sugli stessi gradini. Sii sicuro di fare questo per 5 minuti perché sia proficuo. Dopo mangiato, cerca sempre di fare qualsiasi forma di esercizio aerobico poco intensivo oltre a fare su e giù per le scale. Questo dovrebbe essere uno dei più importanti cambiamenti che fai per migliorare complessivamente la tua salute e la tua forma fisica.

Il nostro obiettivo in questo capitolo è accelerare naturalmente il tuo metabolismo restando il più attivo possibile durante la maggior parte del giorno e ciò aumenterà il tuo RMR. Un metabolismo più veloce aiuta il tuo corpo ad essere snello e in forma ma se vuoi essere sicuro di farlo in modo naturale (senza l'uso di sostanze artificiali) e gradualmente allora questi cambiamenti saranno facili da sostenere nei mesi e negli anni avvenire.

UNA SEMPLICE SPIEGAZIONE SUL PERDERE, RAGGIUNGERE, E MANTENERE IL PESO CORPOREO

Perdere, raggiungere, e mantenere il peso è tutta una semplice questione di matematica. Se consumi 1 unità di cibo e ti eserciti per 1 unità, avrai una semplice equazione matematica che sarà così:

$$1 - 1 = 0$$

Significa, se ti eserciti nella stessa quantità in cui mangi (unità) dovresti raggiungere poco o nessun peso.

Ora, se consumi 1 unità di cibo e ti eserciti per "0" unità, avrai un'equazione come questa:

$$1 - 0 = 1$$

Significa, che avrai raggiunto "1" unità di peso. (Uso il termine "unità" per semplificare le cose ma si riferisce alla quantità di peso). Questo significa semplicemente che ogni giorno in cui mangi e non fai esercizio, prendi peso perché hai un surplus. In fine, se consumi "1" unità di cibo e ti eserciti per "2" unità, avrai un'equazione di questo tipo:

$$1 - 2 = -1$$

Significa, che hai perso una unità di peso.

Nota importante: Non consumare nessuna unità di cibo (non mangiare) non è un'opzione poiché creerebbe più danno che beneficio. Invece di raggiungere i tuoi obiettivi li ritarderesti e inoltre causeresti irreversibili problemi di salute. Ai bisogno del cibo per sopravvivere. È una necessità essenziale nella vita.

COSA SIGNIFICA TUTTO QUESTO?

La quantità e la qualità dell'esercizio che fai determinerà se perderai, prenderai, o manterrai il peso. In base a quali sono i tuoi obiettivi, questo attualmente rende la tua vita più salutare. Assicurati di seguire un piano alimentare che sia giusto per te e per il tuo stile di vita. Fai riferimento al capitolo 1 per maggiori informazioni su cosa potresti mangiare e quanto. Attenzione! Non spingerti all'estremo. Alcune persone si ammalano andando avanti in diete estreme che alla fine possono creare molto più danno che beneficio. Di seguito ci sono alcuni esempi di estremi che dovreste evitare :

ESEMPIO 1
Mangiando zuccheri semplici e grassi, e NON consumando cibo con valori nutrizionali ridurrai la tua performance potenziale e abbasserai la qualità della tua salute negli anni avvenire. Una dieta bilanciata è necessaria per stare in forma. Anche se queste non deve essere considerata una dieta estrema è comunque consigliato lo stare lontano da cibi precotti e preconfezionati, come anche dai cibi ad alto contenuto di grassi non derivati da fonti naturali. Fonti naturali di grassi possono essere l'avocado, le noci, l'olio d'oliva, ecc. e questi sono buoni per te ma nelle giuste proporzioni.

ESEMPIO 2

Se sei un atleta che fa molto esercizio cardiovascolare e non consumi nessun carboidrato come pane, riso, e pasta. Ciò può seriamente turbare le tue performance tanto quanto il tuo benessere. Eliminare completamente i carboidrati dalla tua dieta non è una scelta saggia. Se fosse così, dovresti consumare alcune forme di carboidrati durante il giorno per mantenere le giuste riserve di energia di cui il tuo corpo ha bisogno. Puoi ancora controllare il peso del tuo corpo ma devi consumare almeno un minimo di nutrienti da una varietà di gruppi di cibi e questo include i carboidrati.

ESEMPIO 3

Mangiare molto e non fare esercizio. Questo è ciò che questo libro cerca di prevenire. Questo libro ti aiuterà definitivamente a stare in forma e a trasformare il tuo corpo nel corpo che hai sempre voluto come sollevatore di pesi. Fa che il bilanciare la tua vita alimentare con l'allenamento cardiovascolare giornaliero sia una priorità.

ESEMPIO 4

Il non dormire abbastanza può seriamente colpire la tua condizione mentale e fisica durante l'allenamento e le gare. Dormire ti permette di recuperare e di rendere meglio in tutti gli aspetti della tua vita. Fai i passi necessari per controllare la quantità e la qualità del tuo sonno.

CAPITOLO 4

PERFORMANCE MIGLIORI ATTRAVERSO GLI ANTIOSSIDANTI

Cambia adesso il tuo stile di vita alimentare per ottenere risultati a lungo termine e tempi di recupero più veloci

Un numero di elementi nel tuo corpo a causa della luce solare e dell'inquinamento nel nostro ambiente creano ossidazione che porta alla produzione di pericolosi composti chimici chiamati radicali liberi. I radicali liberi possono portare a seri danni cellulari, la più comune via metabolica verso il cancro, l'invecchiamento, e una varietà di altre malattie. I radicali liberi sono altamente reattivi e sono una maggiore minaccia quando interagiscono con le membrane cellulari creando reazioni a catena che portano alla morte delle cellule. Gli Antiossidanti sono molecole che possono aiutare nella distruzione dei radicali liberi così che il corpo possa essere libero dai pericoli associati ai radicali liberi. Inoltre, gli atleti dovrebbero avere un forte interesse per loro per ciò che concerne la salute e la prospettiva di performance potenziate e/o di ripresa dopo l'esercizio. Il modo in cui lavorano gli antiossidanti è che essi possono reagire con i radicali liberi e spezzare la reazione a catena portando alla morte del DNA cellulare salvandole.

Le maggiori fonti di antiossidanti sono:

1. Vitamina E: È un antiossidante ed aiuta a proteggere le cellule dal danneggiamento. È importante inoltre per la salute dei globuli rossi. La Vitamina E si trova in molti cibi come oli vegetali, noci, e nelle verdure verdi e rigogliose. Gli avocado, le germe di grano, e tutti i chicchi sono buone fonti di questa vitamina.

2. Beta-carotene: È un precursore della vitamina A (retinolo) ed è presente in fegato, tuorlo d'uovo, latte, burro, spinaci, carote, pomodori, e chicchi.

3. Vitamina C: È necessario per creare il collagene, un tessuto che aiuta a tenere insieme le cellule. È essenziale per la salute delle ossa, dei denti, delle gengive, e dei vasi sanguigni. Aiuta il corpo ad assorbire ferro e calcio, aiuta nella guarigione delle ferite, e contribuisce alle funzioni celebrali. Troverai alti livelli di vitamina C nelle bacche rosse, kiwi, peperoni rossi e verdi, pomodori, broccoli, spinaci, e succhi fatti con guava, pompelmo, e arancia.

4. **Selenio:** È un elemento traccia ed è anche un importante antiossidante.

Alcuni Famosi Antiossidanti sono Menzionati di seguito:

Potenziare il sistema immunitario ti aiuterà ad assorbire antiossidanti e ti proteggerà dai radicali liberi e ciò può essere fatto attraverso l'esercizio. Ecco perché una combinazione di allenamento cardiovascolare e pesi insieme all'aggiunta di antiossidanti nella tua dieta migliorerà le tue performance e ti permetterà di avere meno mancanza di energia o giorni di malattia. Consumando più antiossidanti la tua fase di ripresa sarà più veloce e ciò ti permetterà di competere prima del normale.

Proietta la Giusta Immagine attraverso una Postura Migliore per Vincere di Più

Studi hanno dimostrato che gli atleti che proiettano una forte immagine positiva sono inclini ad avere più successo e un sistema immunitario più forte. Avere un forte sistema immunitario ti terrà in salute e meno incline a infortuni il che significa avere la prospettiva di vincere di più semplicemente perché potrai competere più spesso.

Il cambiamento definitivo dall'uomo dell'era dell'uomo delle caverne ad oggi è la postura. Per alcune ragioni molti atleti sembra che siano rimasti all'era dell'uomo delle caverne. Forse alcuni atleti hanno questa postura curva perché non lavorano sulla flessibilità e non fanno esercizi di potenziamento dorsale o forse a causa di una mancanza di sicurezza. Comunque qualunque sia la ragione, la postura di un sollevatore di pesi dice molto su come si sentono e cosa hanno in mente specie durante le competizioni. Mostrare mancanza di sicurezza ai tuoi avversari li motiverà soltanto a fare meglio. Per affermarti di più come sollevatore di pesi inizia con il mostrare più sicurezza attraverso una postura migliore anche quando non stai gareggiando.

Molti di noi dimenticano che più invecchiamo più la schiena si incurva è diventa sempre più difficile stare dritti. Vorrei lavorare abbastanza ora sull'avere una migliore postura che in seguito poiché dopo potrei non riuscirci. Ho dimenticato di dire che il non stare su dritto ti farà sembrare più grasso. Quindi se vuoi iniziare a sembrare più magro, inizia a stare dritto! Per questa e molte altre ragioni, è essenziale che ti concentri sulla tua postura.

È speso sottovalutata da molti ma può aiutarti ad avere una figura migliore più velocemente di quanto tu possa immaginare. Sapevi che camminando con una postura cadente stai facendo diventare più pigri i muscoli del tuo stomaco e così facendo comprometti la forma dei muscoli addominali? Non è una buona abitudine da avere. Camminando dritto stai effettivamente facendo lavorare i tuoi addominali.

La postura è una questione di abitudine

Devi concentrarti sul mantenere una postura dritta tutto il tempo. Focalizzati sul tenere una buona postura quando cammini, quando stai seduto e quando stai in piedi. La postura è inoltre molto importante quando mangi perché aiuta il cibo a passare attraverso il sistema digerente più facilmente di quando hai una postura cadente. Masticare meglio il cibo può contribuire alla riduzione o meglio ancora, prevenzione, della digestione o delle questioni legate al reflusso acido.

Inoltre, *considera che non importa quanto duramente lavori e quanto buono sia il tuo corpo, se hai una postura cadente, hai già rovinato la figura (l'immagine di te stesso e quella che proietti agli altri) e fato passare praticamente inosservato tutto quello sforzo.* Per questa specifica ragione, voglio ricordarti quanto vitale sia concentrarsi, lavorarci su e far diventare un'abitudine lo stare in piedi, sedersi e camminare con una postura diritta.

I punti chiave per avere una postura migliore sono:

1. Le tue spalle devono essere rilassate e al di sotto dell'altezza del collo.

2. Il tuo torace dovrebbe stare più all'infuori e le spalle più all'indietro.

3. La tua testa deve essere perpendicolare al suolo. (immagina di tracciare una linea dritta dal tuo mento al suolo.)

4. I tuoi occhi dovrebbero focalizzarsi sull'orizzonte e NON sul terreno.

Di seguito ci sono esempi di diverse posture che ci aiuteranno a riassumere.

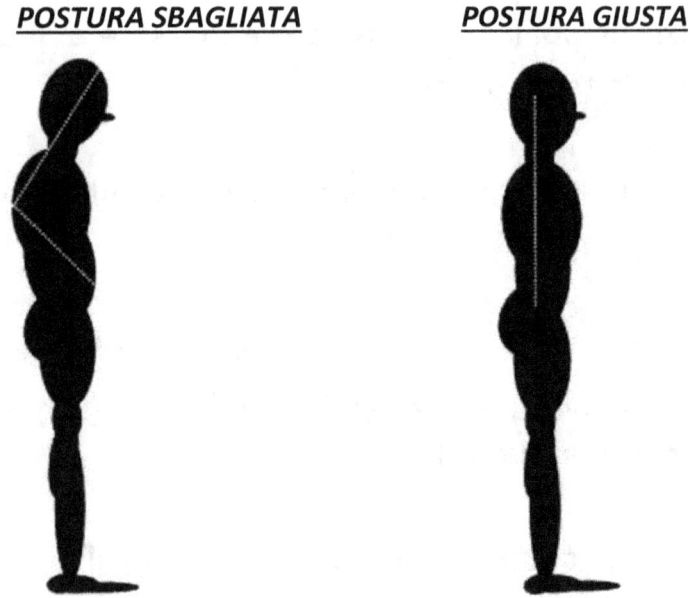

Il primo disegno mostra come il lasciare che la tua testa guardi verso il basso effettivamente promuova una postura curva. Il secondo disegno mostra una perfetta postura in piedi diritta ed è così che dovresti stare in piedi.

POSTURA SBAGLIATA	**POSTURA GIUSTA**
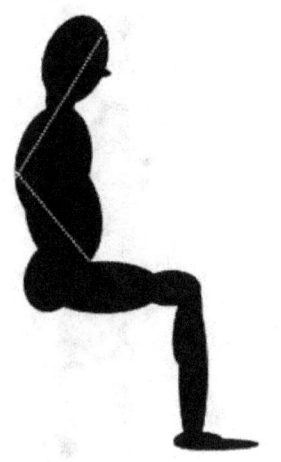	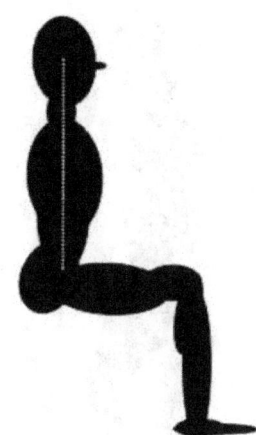

La prima immagine mostra un esempio di come non ci si dovrebbe sedere come puoi vedere dalla postura inclinata e dalla zona addominale curva in avanti. La seconda immagine mostra una perfetta postura in cui il viso è rivolto in avanti e l'area addominale ficcata all'interno.

POSTURA SBAGLIATA	POSTURA GIUSTA
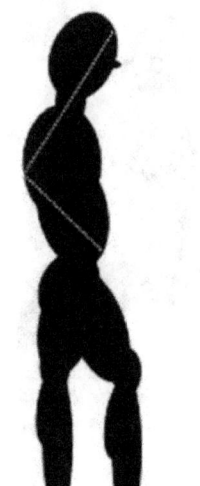	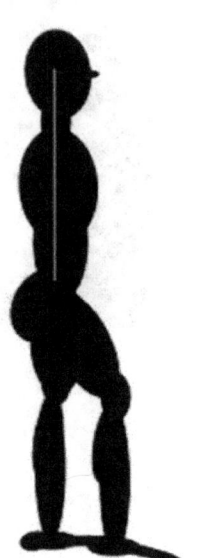

Il primo disegno mostra un'impropria postura nel camminare con una incurvatura posteriore della schiena. Il secondo disegno mostra la giusta posizione che dovresti assumere nel camminare, con la schiena dritta e guardando in avanti. Nota che l'area addominale non è curvata in avanti come nel primo disegno.

CAPITOLO 5

SEI CIÒ CHE MANGI

Impegno per migliorare la tua mente e il tuo corpo

Non ti suona strano? "Sei ciò che mangi". È una semplice affermazione con molto significato. Ciò che fai durante il giorno o per vivere determina che tipo di attività fai fisicamente e mentalmente. Diventi una persona più attiva o più sedentaria in base a come usi il tuo tempo e a cosa mangi. Questo determina chi sei alla fine.

Cambiare le tue abitudini

Cambia le tue abitudini modificando il tuo stile di vita alimentare, mentale, e fisico . <u>Ciò significa essere capace di fare le stesse cose che già fai ma rimpiazzandole adesso alcuni cibi con altri più salutari e più organici</u>. Più il tempo andrà avanti e più ti sentirai forte, più flessibile e pieno di energia grazie ai nutrienti assunti dal tuo corpo. *Come passare dal mangiare cibo spazzatura al mangiare cibo salutare?* Questo si ottiene principalmente, attraverso la disciplina e la costanza. Usa il programma alimentare giornaliero di questo libro come linea guida per arrivarci. Con il tempo farai diventare il <u>mangiare sano come un'abitudine di tutti i giorni e questo sarà uno dei tuoi primi traguardi.</u>

Fai il meglio per la tua particolare situazione

Non sentirti mai infelice di te stesso. C'è sempre qualcun' altro in una situazione peggiore. Se hai una schiena malandata e hai dolore quando cammini, probabilmente c'è qualcuno che non può camminare del tutto quindi sii riconoscente. Se hai problemi alle ginocchia, invece di lamentarti sii felice di avere le gambe. Questi esempi sono un po' drastici ma vanno dritti al punto. Se vuoi iniziare, devi essere sicuro di non avere scuse e quindi di non fermarti per nessun motivo. Se la schiena fa male, nuota. Se le tue ginocchia ti fanno male, rinforzale o lavora sulla parte più alta del corpo. Se ti fanno male le spalle, lavora sugli addominali o le gambe. Impara ad improvvisare.

Clima diverso

Se vivi in un posto dove il clima è terribile non devi preoccuparti più di tanto poiché molti di questi esercizi possono essere fatti anche al chiuso. Se fuori fa caldo allora traine un vantaggio e fai esercizi in piscina. Se fuori fa freddo fai gli esercizi al chiuso. Basta che non stai fermo.

Se credi che avere un miglior piano alimentare o fare una dieta sia costoso.

Se questo è il tuo caso cerca di trovare delle alternative ai cibi descritti in questo libro. Invece di andare in uno dei maggiori supermercati, prova ad andare ad un discount o ad un negozio che vende in massa. Se pianifichi di restare fedele alla dieta dovresti avere ciò che ti serve per i mesi che verranno quindi dovresti comprare in grandi quantità se ha costi vantaggiosi per te. Un altro modo per economizzare è trovare un partner di allenamento con cui lavorare e che possa dividere con te i costi del cibo, se è il caso. Non lasciare che i soldi diventino la ragione per non essere in una forma migliore o essere più in salute!

Ricorda a te stesso di allenarti e restare fedele a questo piano alimentare

Un modo semplice per ricordare a te stesso di allenarti e seguire alla lettera questo piano alimentare è portare in giro con te questo libro. In questo modo avrai gli esercizi sempre a portata di mano. Un altro fantastico modo per ricordarti che hai bisogno di un programma per mangiare alla
giusta ora è indossare un orologio con la sveglia per

ricordarti ogni ora o ogni tre ore che hai bisogno di prenderti cura di te stesso. Se ti stanchi dell'orologio, ho un altro fantastico modo per ricordarti le cose. Prova a mettere le tue scarpe da ginnastica o i vestiti sul pavimento accanto al tuo letto o vicino alla porta. Ogni volta che ti alzerai o che semplicemente camminerai verso la porta, vedrai le tue scarpe e ti ricorderai ciò che hai bisogno di fare. Se lasci le tue scarpe e i vestiti vicino alla porta, dovresti sapere che non puoi lasciare la stanza senza aver finito il tuo allenamento. Devi prepararti nel riuscire ed è questo il modo in cui farlo. Aiuta te stesso nel fare queste piccole cose che fanno una grande differenza ogni giorno.

Ricordati di resistere alle tentazioni

Vai al frigorifero e caccia fuori tutti i cibi che non dovresti mangiare. Pulisci l'intero frigorifero se è necessario. Organizza le mensole in modo che tu sappia cosa dovresti mangiare per colazione, pranzo, e cena. Sarà più facile per te mangiare ciò che sai di poter mangiare. Prendi solo cibi freschi se non vuoi ammalarti. Molte persone hanno i frigoriferi pieni di cibo che hanno accumulato per mesi e non si prendono il tempo di cacciare fuori i cibi scaduti. Nel frigorifero, metti la frutta e la verdura nelle buste Ziploc® e negli scompartimenti più bassi per essere sicuro che restino freschi il più a lungo possibile. <u>Metti il tuo piano alimentare</u>

sull'esterno del frigorifero, in camera tua e nel tuo ufficio per tenerti focalizzato.

Non lasciare che gli altri ti buttino giù

Devi diventare il tuo migliore fan, facendo il tifo e sforzandoti ogni giorno per restare fedele alla dieta e al piano degli esercizi. Se hai altri che ti dicono che non arriverai alla fine della dieta o che non dovresti continuare il tuo allenamento di routine, stai lontano da queste persone. Se non puoi stare lontano da queste persone, impara a separare le chiacchiere che dicono da ciò che ha veramente valore per te. Tu hai la radio e gli spot pubblicitari come anche gli show e alcune interferenze. Tu ti focalizzi sull'interferenza, sulla musica o sugli spot? La stessa cosa succede nella vita. Ci sarà sempre qualcuno che farà dei commenti solo per imporre le sue idee o la sua negatività. Non discutere; al contrario cerca persone che vogliano raggiungere ciò che vuoi raggiungere anche tu. Cerca persone che ti possano aiutare a restare concentrato e che vogliano veramente che tu abbia successo. Circondati di persone positive, edificanti, e motivate. Anche se gli altri ti buttano giù, mostragli che puoi e che arriverai a completare questa dieta. Prova ai tuoi figli che puoi fare qualsiasi cosa ti prefissi di fare senza che ti importi quanto possa essere difficile.

Quando senti che i manca la motivazione, voglio che tu legga questo:

- **Completerò il mio allenamento oggi.**

- **Rimarrò fedele alla mia dieta e non devierò da essa.**

- **Sono l'unico che possa decidere se avrò successo o meno.**

- **È mia responsabilità seguire il mio allenamento e la mia dieta.**

- **Posso farlo, quindi lo farò.**

- **Sono il risultato delle mie azioni.**

- **Credo in me stesso e nel mio potenziale.**

Leggendo questo ti sentirai molto meglio e ciò si vedrà nelle tue azioni!

Scrivi 10 ragioni per le quali tu credi che avrai successo nel completare questa dieta e gli esercizi di routine :

1.

2.

3.

4.

5.

6.

7.

8.

9.

10.

Quando avrai un giorno negativo leggi cosa hai appena scritto qui sopra. Pensa a cosa ti passava per la mente mentre scrivevi queste 10 ragioni e cosa dovresti pensare adesso. Tutti hanno giorni positivi e negativi. La chiave è passare i giorni negativi nel miglior modo possibile così che quelli positivi siano ancora meglio. Ricorda, i risultati che
hai oggi saranno il prodotto degli sforzi fatti nei giorni precedenti.

Scrivi 5 cambiamenti fisici che vorresti vedere nel tuo corpo una volta completata questa dieta e gli esercizi di routine:

1.

2.

3.

4.

5.

Scrivi 5 cambiamenti mentali o emozionali che vorresti raggiungere durante il completamento di questa dieta e degli esercizi di routine: (es. vorrei essere più positivo, vorrei sentirmi più felice di me stesso e della mia apparenza, vorrei avere meno stress nella mia vita, vorrei sentire di avere più energia ogni giorno, ecc.)

1.

2.

3.

4.

5.

Scrivi 10 obiettivi che hai per te stesso riguardanti l'esercizio, l'alimentazione, e la tua vita in generale. Il completare questa
dieta e il piano di esercizi dovrebbe essere parte dei tuoi obiettivi generali:

1.

2.

3.

4.

5.

6.

7.

8.

9.

10.

CAPITOLO 6

IL SEGRETO PER AVERE I MIGLIORI ADDOMINALI DI SEMPRE

Dagli uno sguardo

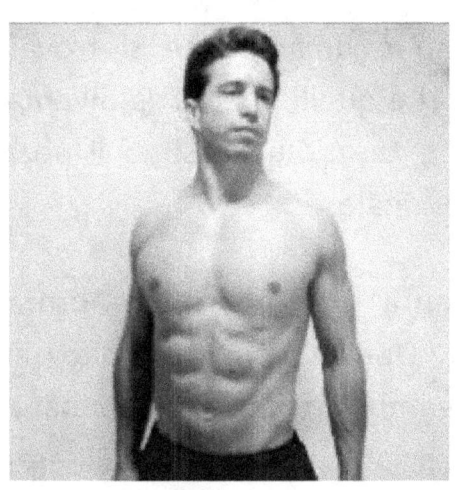

Il segreto per avere i migliori addominali di sempre è la varietà. Devi capire che i tuoi muscoli addominali sono organizzati in differenti quadranti che richiedono diversi tipi di esercizi per trarne il maggior risultato. Il tuo corpo è vitale non importa quale sia il tuo sport quindi devi prenderti il tempo di lavorarci su spesso.

La tua _Area Addominale Superiore_ è la più semplice da definire inizialmente poiché si mette in forma facendo la maggior parte degli esercizi addominali.

Area Addominale Laterale (Obliqui), sono principalmente i lati intorno al tuo girovita e

questi ti aiutano a pronunciare tutte le altre aree addominali quando li alleni duramente.

La _sezione mediana_ è un'area che si trova tra i tuoi addominali superiori e quelli inferiori e diventa fantastica una volta definita e tesa. Questi sono il pezzo centrale della tua area addominale.

La sezione più dura da tenere in forma è _l'Area Addominale Bassa_. Questa richiede molto più esercizio intensivo sulle gambe come: camminare, correre, nuotare, pattinare, sciare, saltare, ecc.. Gli esercizi di tipo aerobico fanno la differenza sui tuoi addominali bassi e su tutto il tuo corpo. I tuoi muscoli più bassi della schiena sono un'importante componente di tutti gli esercizi per il corpo. Perché questo? In pratica, quando lavori solo sulla sezione addominale, i tuoi muscoli tendono a tirarti in avanti e ad inclinarti facendoti incurvare la schiena. Lavorando sulla zona lombare bilancerai i muscoli tirati creati dai tuoi addominali durante l'allenamento e questo aiuterà il tuo corpo a riprendere la giusta postura (che dovrebbe essere dritta!). Questo a turno aiuterà i tuoi addominali poiché ora saranno belli e dritti e non cadenti.

La respirazione mentre fai i tuoi esercizi addominali è un fattore importante per avere risultati veloci. Lavorare sulla tua respirazione ti aiuta a lavorare di più sui tuoi muscoli addominali. Questo ti da una mano con il tempo ad avere addominali più tesi e tonici. Cerca di espirare nel momento in cui contrai gli addominali durante ogni ripetizione che fai.

Ogni ripetizione addominale che fai espirando fa per tre o quattro addominali fatti senza espirazione il che equivale a dover fare meno addominali ma avendo gli stessi risultati. Il tuo corpo alla fine ti ringrazierà per averlo fatto diventare più efficiente.

Sono un convinto sostenitore dell'allenamento incrociato che si fa con altri sport o attività per migliorare il tuo sport principale. È per questo che vorrei suggerirti di fare un allenamento incrociato con altri sport che ti piacciono ma che non ti facciano infortunare. Il nuoto è vitale a causa della
quantità di muscoli addominali che vengono contratti e tirati mentre nuoti. Le persone che hanno infortuni alle

ginocchia o dolore alle gambe o altri problemi correlati possono passare più tempo in piscina e raggiungere o anche avere migliori risultati come se non avessero problemi.

Combinare l'allenamento degli addominali alti con quello degli addominali bassi ti aiuterà ad avere dei muscoli addominali ben definiti ma devi essere sicuro di prenderti cura anche degli addominali laterali e della zona lombare . Lavorare troppo sui tuoi addominali e non abbastanza sulla schiena causerà uno sbilanciamento nella quantità di trazione che essi creano e questo può portare ad avere una postura cadente quando sei seduto o in piedi quindi assicurati di fare abbastanza esercizio anche per la schiena. Combinando esercizi che utilizzano tutti i muscoli addominali, creerai una forte sezione cardiaca ma ricorda che dei buoni esercizi cardiovascolari sono il modo più veloce per perdere grasso corporeo. Fare esercizi cardiovascolari intensi combinati con esercizi addominali ti porterà a risultati più veloci.

Lo stretching è un modo eccellente per prevenire infortuni e aiutarti a tenere in forma il tuo corpo. Modellare il tuo corpo in modo che sia come vuoi tu richiede di fare alcuni tipi di stretching, soprattutto se non vuoi sembrare e sentirti rigido. Ho visto che fare stretching prima e dopo l'allenamento aiuta a prevenire crampi, specialmente il giorno dopo l'allenamento quindi prenditi il tempo di fare stretching per bene. Gli esercizi di stretching che ho descritto nell'ultimo capitolo sono molto buoni per il tuo corpo. Dovresti provarli con i tuoi tempi e salire gradualmente per aumentare i livelli di flessibilità.

Ricorda di prenderti un giorno a settimana di riposo per permettere ai tuoi muscoli di riprendersi. Se senti di aver bisogno di un giorno in più di riposo, va bene comunque perché questo è un aumento graduale, quindi fallo. Fare un passo avanti ogni giorno è la chiave per raggiungere dei risultati. Un passo in avanti è meglio che farne tre per poi ritrovarti infortunato e doverne fare quattro indietro con nulla da mostrare.

Questa non è una gara quindi assicurati di completare l'allenamento secondo i tuoi tempi non secondo quelli di qualcun' altro!

Il miglior modo per allenare i muscoli addominali è fare dei circuiti. L'allenamento addominale a circuito consiste nel fare diversi esercizi addominali e poi ripeterli in sequenze successive. Una rappresentazione visiva ti verrà fornita nelle seguenti pagine. Cambiando costantemente ogni esercizio addominale permetterai ai diversi muscoli addominali di riposarsi mentre lavori su un altro gruppo di muscoli.

I miei Esercizi Addominali preferiti:

1. Addominali a forbice

2. Talloni su e mani dietro la testa e poi sali.

3. Su, su, su e fianchi in alto e giù di nuovo.

4. Fianco, fianco e centro e alla fine su.

5. Fianchi laterali con ginocchia e gomiti in su.

6. Spinte posteriori guardando all'ingiù.

7. Braccia e gambe tese all'esterno e poi raccoglierle al petto.

Fai 15 ripetizioni di ognuno e ripeti l'intera routine 3 volte. Quando ti sentirai più a tuo agio con la routine cerca di aumentare le ripetizioni a 20 o più e aumenta il numero di volte in cui completare la routine a 5.

Assicurati di stirare i tuoi muscoli addominali e la schiena con questi tre esercizi di stretching alla fine dell'intera routine:

1. Stretching addominale

2. Stretching posteriore

3. Stretching laterale

Una volta fatto lo stretching mantieni una postura dritta durante il giorno per far abituare i tuoi muscoli interni a mantenere una forma esatta. Molte persone fanno lavorare i loro muscoli interni e poi vanno via con una postura curva e questo diventa controproducente. Non fare questo errore. Mantieni una buona postura e vedrai più velocemente dei risultati!

1. Addominali a forbice

2. Talloni su e mani dietro la testa e poi sali

3. su, su, su e fianchi in alto e giù di nuovo

4. Fianco, fianco e centro e alla fine su

5. Fianchi laterali con ginocchia e gomiti in su

6. Spinte posteriori guardando all'ingiù

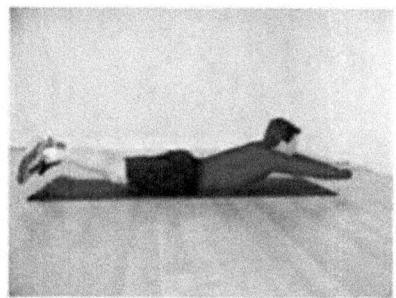

7. Braccia e gambe tese all'esterno e poi raccoglierle al petto

Stretching alla fine della routine:

1. Stretching Addominale

2. Stretching Posteriore

3. Stretching Laterale

www.ingramcontent.com/pod-product-compliance
Lightning Source LLC
Chambersburg PA
CBHW070149080526
44586CB00015B/1909